NOTICE

SUR

LE DOCTEUR DEVAY

NOTICE

SUR

LE DOCTEUR DEVAY

PAR

LE DOCTEUR GUBIAN

(Lue à la Société impériale de médecine de Lyon.)

LYON
IMPRIMERIE D'AIMÉ VINGTRINIER
Rue de la Belle-Cordière, 14.

1869.

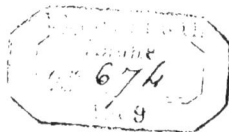

NOTICE

SUR

LE DOCTEUR DEVAY

Ce n'est pas sans émotion que je soulève un coin du voile funèbre qui, en peu d'années, s'est étendu sur notre compagnie. Mon cœur, tout saignant encore d'une atteinte cruelle, fait violence à sa douleur pour accomplir un devoir sacré.

L'homme de bien dont j'ai à vous retracer, sinon la vie, au moins quelques côtés du caractère ainsi que les idées scientifiques, me rappelle, par les traits les plus accentués de sa remarquable personnalité, celui dont je porterai éternellement le deuil. A tous deux peut s'appliquer la grande formule promulguée depuis plus de dix-huit siècles, et transmise d'âge en âge par les martyrs du devoir : *Vincit qui patitur*.

Rien n'est indifférent dans une existence dont le but constant a été de se rendre utile; tout devient enseignement dans ce qui touche à ces êtres d'élite que Dante appelle *la couronne de l'humanité*. Et comment se dispenser de suivre, pas à pas, dans sa carrière, cet érudit, ce savant qui, sous des dehors rigides et souvent caustiques, était cependant le meilleur des hommes !

Dans une autre enceinte, il est vrai, un maître, habile dans l'art de bien penser et de bien dire, M. Bouchacourt, a su captiver un auditoire d'élite en présentant avec un incontestable talent et une sage mesure la vie et les écrits de Devay, de manière à glorifier sa mémoire sans exagérer le prestige qui s'attachait à son modèle. Mieux que personne il pouvait, ici encore, retracer l'image imposante de celui dont il a su si bien entrevoir les rayons de l'auréole, le *flos pulcher sublimium virorum* qui brille sur le front de ceux qu'une noble ambition a placés dans ce qu'on a si heureusement dénommé le *Panthéon des hommes utiles*, tout près quoique au-dessous, toutefois, des hommes de génie, bien clairsemés dans tous les temps.

C'est qu'en effet, Messieurs, il n'est peut-être pas d'homme qui, par ses talents et par ses vertus, ait, plus que le docteur Devay, honoré le corps médical aux yeux du monde, et je ressens une satisfaction bien douce à la pensée de rendre un hommage public à la noblesse de sentiments non moins qu'aux travaux méritants d'un confrère dont les actes ont été dignes de la plus haute estime.

En me chargeant aujourd'hui de ce difficile et périlleux honneur, je n'ai pas considéré ma faiblesse et mon insuffisance, je ne me suis rappelé que la mutuelle sympathie et l'affection qui liaient l'élève reconnaissant au maître dévoué. Mais je dois imposer silence aux souvenirs d'une si belle amitié.

> Les reliques du cœur ont aussi leur poussière,
> Sur ces restes sacrés ne portons pas les mains.

En vous parlant de Devay, Messieurs, je laisserai de côté la partie biographique, admirablement burinée déjà par M. Bouchacourt, pour vous le présenter comme professeur, écrivain, moraliste, hygiéniste, économiste, sans m'interdire quelques aperçus sur l'homme privé.

§ I.

Devay se montrait jaloux, en toute circonstance, de relever la position du médecin. Il donnait le premier l'exemple de l'application de cette vérité, que : pour être respecté, il faut d'abord se respecter soi-même. Il avait des connaissances profondes et étendues en médecine, un œil pénétrant, un tact sûr et prompt dans l'exercice de son art.

Les écrits nombreux qu'il a laissés sont empreints d'un cachet de haute érudition, de bon goût et d'excellent jugement.

Quelques-uns, et les plus importants, n'ont pas eu la vogue qu'ils méritaient, bien qu'ils justifiassent cette opinion de Montaigne : « Les ouvrages sont la mise au dehors de l'homme, et quand l'homme a de la valeur, le dedans vaut mieux que le dehors. »

Nous aurons bientôt occasion d'en parler avec plus de détails.

Praticien répandu dans les premiers rangs de la société, personne ne sut mieux que lui observer les maladies entachées d'hérédité et les affections à formes protéiques qui affligent trop souvent les classes privilégiées, où la satisfaction de tous les besoins permet au système nerveux d'acquérir cette perfection maladive qu'il est rare de rencontrer dans la clinique des hôpitaux. Le temps ne lui a pas permis de mettre au jour de nombreuses observations recueillies à propos de ces faits curieux et anormaux. Il recherchait avec persévérance la prophylaxie des maladies diathésiques ou constitutionnelles, caractérisées par des néoplasmes profonds, fréquemment hérissées d'associations morbides ou de sympathies aggravantes, et il arrivait à la conviction qu'elle existe dans la régénération des races épuisées par les maladies des familles, maladies chroniques qui ont une fatale tendance à dégénérer et à se terminer par des altérations organiques infiniment variées.

Médecin d'hôpital, il apportait une ponctualité rigoureuse dans son service, aimant à interroger longuement et avec intérêt les malades sur les circonstances commémoratives qui fixaient plus particulièrement son attention.

Professeur de clinique, il se plaisait à instruire les élèves dans l'art difficile du diagnostic en les faisant procéder, devant lui, comme le faisait Rostan, à l'examen méthodique de la maladie, à l'interrogatoire minutieux et complet du malade. C'est alors que ses instincts analytiques se révélaient. Ingénieux et sagace, épris du système de la spécificité nosologique, il était, quoique très-réellement vitaliste, moins confiant peut-être dans la force occulte qui engendre et modifie les phénomènes vivants que dans les caractères des êtres, la classification des genres, le groupement des espèces. Cependant, il faut le reconnaître, il lui est arrivé parfois d'agir plus en systématique qu'en observateur, de fausser les analogies ou d'établir des oppositions erronées. Mais c'était avec une bonne foi et une loyauté parfaite qu'il revenait de ses erreurs de diagnostic lorsqu'elles lui étaient démontrées.

On a reproché à Devay de s'être complu parfois dans les vagues principes d'un hippocratisme mystique. Sa doctrine est, cependant, très-acceptable. C'est un vitalisme tolérant, progressif, basé avec intelligence sur les principes impérissables de la philosophie médicale traditionnelle qui n'exclut nullement les recherches de la méthode expérimentale et en accepte les résultats. Il attachait une fort grande importance à l'anatomie pathologique et aux expériences physiologiques; pensant avec M. Daremberg que si les faits sont le corps même de la science, les doctrines en sont l'âme, et la philosophie le lien secret qui unit l'âme et le corps. Mais il mettait la clinique, c'est-à-dire le malade, avant tout. Comme l'a si bien dit de Trousseau son panégyriste M. Pidoux, il voulait, lui aussi, que le malade fût le commencement et la fin, qu'on partît de lui pour aboutir à lui. Il avançait, ainsi que l'illustre professeur de l'école de Paris, que les maladies ne sont pas fabriquées au gré de l'observateur, qu'elles se créent elles-mêmes, que chaque symptôme d'une maladie participe de sa nature et la représente tout entière, que la fièvre, les congestions, les états dyscrasiques du sang, etc., sont de nature scrofuleuse, herpétique, arthritique, syphilitique, etc. S'élevant, non sans quelque ironie, contre les tendances matérialistes que l'anatomie des éléments imprime à l'esprit et à la destinée de la médecine lorsqu'elle s'efforce de régenter la clinique, il se livrait à l'étude approfondie de la nature et prenait pour ses guides les plus sûrs l'expérience et la tradition médicale à laquelle il cherchait incessamment à ramener les élèves.

Sans condamner absolument l'empirisme qu'il accusait, pourtant, de rompre avec l'autorité médicale, il s'efforçait de conduire l'esprit de l'Ecole aux méthodes excellentes révélées par les anciens. Il aimait ainsi à recueillir les débris du passé de notre science. Il s'appropriait, pour ainsi dire, le sens intime des souvenirs les plus intéressants de l'histoire de la médecine. Il en discernait l'esprit et possédait surtout ce tact merveilleux qui s'appelle le *sens de l'antiquité*, se plaçant avec un art particulier entre le passé et le présent pour faire subir aux idées régnantes une critique toujours sensée et très-souvent féconde en utiles enseignements.

Les médecins, disait-il, ne peuvent faire bon marché d'Hippocrate, de Galien, de Fernel, de Lancisi, de Baglivi, de Sydenham, de Van-Swieten, de Stahl, de Stoll, etc. Les lois des phénomènes, des réactions morbides ont été posées et démontrées par ces grands génies d'une manière qu'on ne pourra jamais dépasser.

Il tenait aussi en grande estime les œuvres de Lorry, de Lazare Rivière, des deux Franck, celles de Bordeu dont il citait souvent les piquantes *Recherches sur l'histoire de la médecine*, ouvrage dans lequel ce célèbre médecin, entraîné par l'impétuosité naturelle de son esprit, critique finement les envieux de son époque. Il faisait aussi de fréquents emprunts au même auteur, dans ses recherches sur les maladies chroniques, sur le pouls, etc. La méditation attentive de ces œuvres de *forte empreinte* lui avait enseigné à se défendre contre les prétentions excessives des sciences accessoires. C'est de Bordeu, en effet, qu'on apprit, il y a un siècle, à se tenir en garde contre l'iatro-chimisme de Boerhaave, « et à réduire à sa valeur l'appareil d'expériences futiles et d'é-
« troits calculs dans lesquels on voulait asservir la marche du
« médecin aux procédés du physicien, oubliant que l'un des plus
« beaux génies de l'antiquité a posé la limite exacte de leurs tra-
« vaux, lorsqu'il a dit : Où le physicien s'arrête, là le médecin
« commence. (Richerand, *Notice sur la vie et les ouvrages de Bordeu.*)

Les phénomènes morbides ne sont pas, il faut le reconnaître, suffisamment expliqués par la notion exacte des tissus sains ni par les fonctions physiologiques des organes, et la clinique, en empruntant sans cesse ses lumières à la physique, à la chimie, à la physiologie, ne se laissera point absorber par ces sciences accessoires.

Devay, Messieurs, le comprenait ainsi. Mais, hâtons-nous de le dire, lorsqu'un point scientifique ou pratique pouvait être éclairé par le microscope ou l'analyse, il recourait aux recherches histologiques et à l'expérimentation chimique, bien persuadé qu'il était que le médecin, pour ne pas imposer à ses conceptions des bornes trop étroites en se vouant exclusivement à l'observation des phénomènes morbides, doit considérer l'individu isolé de l'espèce, et ne pas dédaigner les lumières de la biologie, de la chimie et de la physique, précieux auxiliaires de la médecine individuelle tout aussi bien que de la médecine de l'espèce qui est la médecine préventive. Sans avoir un respect aveugle pour les écrits du vieillard de Cos, il suivait, avons-nous déjà dit, la méthode hippocratique, la seule véritable méthode, suivant lui, de philosopher en médecine. Avec Leibnitz, il convenait, à propos des états morbides spontanés du cerveau, que c'était des faits de mécanique cérébrale ; mais il avait soin d'ajouter avec ce grand philosophe spiritualiste : « De mécanique divine et non faite de main d'homme. »

L'attention du professeur de clinique se concentrait avec prédilection sur les circonstances commémoratives au milieu desquelles le malade était né, sur les influences dues à l'hérédité, au sexe, à l'âge, sur la profession, les habitudes, les maladies antérieures. La recherche approfondie des causes et des effets, la constatation des dispositions acquises à telle ou telle action morbide lui permettaient alors de faire jaillir des éclaircissements sur le problème de la maladie mise à l'étude.

Ses notes et observations sur le *diabète sucré* (in-8°, 1849), ses études sur les *prodromes des affections graves du cerveau*, considérées sous le rapport clinique, physiologique et médico-légal (Gaz. méd. de Paris, 1851), sur les *adénites internes dans leurs rapports avec les exanthèmes contagieux* (rougeole, scarlatine), sur *les caractères généraux des pyrexies et spécialement des fièvres catarrhales et muqueuses* (novembre 1855), ses *remarques sur les constitutions médicales*, etc., viennent à l'appui de ce que nous avons avancé sur son talent d'observation.

Dans le service de clinique, les relevés météorologiques étaient faits avec soin. Chaque matin, les hauteurs barométriques et thermométriques, les tracés ozonométriques étaient enregistrés de façon à établir les états comparatifs de température croissante ou décroissante, les rapports des oscillations atmosphériques avec les constitutions médicales régnantes.

Peu partisan des méthodes hardies de traitement, Devay témoignait d'une grande indépendance dans le choix des moyens thérapeutiques. Sobre d'émissions sanguines, surtout à l'hôpital, où l'on voit se manifester de plus en plus les affections humorales atoniques, il était loin de proscrire la saignée dans les maladies franchement inflammatoires.

En thérapeutique, il faut savoir où l'on tend et ne pas tomber dans les travers d'une médication par trop luxueuse. Il importe d'étudier et de diviser les phénomènes d'une maladie pour remplir toutes les indications et n'en laisser échapper aucune. C'est à fournir les moyens de reconnaître les éléments morbides ou symptômes prédominants qui constituent la maladie, c'est ensuite à associer convenablement et avec art les remèdes les plus appropriés à chacun de ces éléments et les plus propres à les combattre que s'est surtout attaché l'enseignement du professeur Devay.

Doué d'une perspicacité constamment attentive, riche d'un grand fonds d'instruction, il savait remplir avec décision et avec succès les indications thérapeutiques dont aucune ne lui échappait. Il ne s'attachait d'ailleurs qu'aux médicaments essentiels et sanctionnés par l'expérience. Il a doté la matière médicale de plusieurs découvertes utiles, en collaboration avec M. Guilliermond. Ses *Recherches sur la conicine* (1) dénotent ses aptitudes de thérapeutiste. Reprises tout dernièrement, elles ont été l'objet d'une thèse inaugurale du docteur Cazaubon, thèse qui a eu les honneurs de la présentation par M. Gubler à l'Académie impériale de médecine le 22 novembre 1868.

Viennent ensuite ses travaux sur *le valérianate de zinc* (1844) qu'il préconise contre les névralgies et les migraines, sur *le valérianate de quinine* et son emploi thérapeutique dans les fièvres et les névralgies intermittentes, ses observations et réflexions sur l'empoisonnement *par l'aconit napel ;* enfin un important mémoire sur la *Cautérisation vaginale multiple envisagée comme cure radicale des écoulements leucorrhéiques* (1845).

Il s'occupait encore de recherches sur l'emploi du *valérianate d'argent* dans l'épilepsie, et sur *l'extrait de digitale* préparé dans le vide. Nous avions commencé ensemble, sur ce point, une série d'expériences qui se continuent chaque jour.

(1) *Recherches nouvelles sur la conicine et de son mode d'application aux maladies cancéreuses et aux engorgements de la matrice et du sein, Énergie des diverses préparations de ciguë et dosage de la conicine,* 1858.

Nous mentionnerons, en dernier lieu, un article estimé paru dans la GAZETTE HEBDOMADAIRE DE MÉDECINE (1853) sur *le bain d'air comprimé dans les affections graves des organes respiratoires et particulièrement sur la phthisie pulmonaire.* Il semblait que, frappé déjà d'un sinistre pressentiment sur la cruelle affection dont il était atteint, Devay dirigeât spécialement son attention sur la thérapeutique des voies respiratoires.

En présence de tant de productions, résultat de nombreuses et incessantes recherches, il est permis de s'étonner que la vie si courte d'un praticien occupé ait pu suffire à une aussi laborieuse tâche. C'est qu'il possédait cette qualité précieuse dont j'ai parlé. Il était d'une exactitude rare, et les élèves qui suivaient son ser- service hospitalier ont pu s'étonner jusqu'à l'admiration de lui voir braver souvent ses propres souffrances pour n'écouter que son dévoûment à l'humanité et à la science. Cette régularité dans les habitudes explique comment il a pu suffire aux exigences d'un service d'hôpital, d'un enseignement clinique, d'une clientèle choisie, par conséquent exigeante, et trouver encore le temps de composer des œuvres de longue haleine ainsi qu'un nombre considérable de mémoires qui sont tout autant de points qu'il a marqués d'un progrès ; — nous ne les avons pas tous cités. — On comprend dès lors à quel travail opiniâtre et constant il a dû se livrer.

Le travail lui offrait des charmes infinis ; il était un besoin de sa vie.

Si l'on se demande maintenant quelle a été la part des travaux et de l'enseignement de Devay dans le mouvement scientifique, on ne pourra disconvenir qu'il n'ait été pathologiste critique et original, thérapeutiste habile et ingénieux, et on reconnaîtra équitablement qu'il ne s'est point enfermé dans le dogmatisme étroit des écoles surannées ; mais, que son esprit, tout en réveillant le goût de l'érudition et des maîtres anciens, était assez progressif pour recommander l'étude des modernes, et pour se tenir au courant des conquêtes nouvelles de la science sur lesquelles il aimait à porter la discussion.

Écrivain élégant et correct, il avait l'élocution plus facile dans la causerie que dans le discours ou dans la leçon orale. Esprit vif, pénétrant et même un peu taquin dans l'intimité, il jetait, dans la discussion, de la variété, du ton, de la couleur, et il y apportait souvent une forme incisive toute diaprée de fines et mordantes épigrammes. Ainsi il ne condamnait ni la hardiesse d'esprit, ni les tentatives nouvelles, mais il voulait qu'on fût naturel et sincère. « Le vrai mérite, disait-il, consiste à être tel que la nature nous « a fait. »

Honnête avant tout, éclairé, spirituel, éprouvé par la vie, lorsqu'il épanchait ses idées, ses souvenirs, son âme enfin si bonne à montrer tout entière, c'était toujours naturellement et grandement pensé. On ne doit donc point s'étonner que l'expression naturelle des fortes pensées en ait fait un écrivain d'élite, car on l'a dit avec raison : « Par la parole on forme des disciples, par la « plume on prépare des savants. »

La science médicale ne peut se perpétuer et grandir que par le nombre et la qualité des intelligences qu'elle s'attache. L'un de ses premiers devoirs, si elle sait être digne de son nom, est la publicité. Honorons donc les médecins qui ont écrit, ceux dont les recherches utiles et le talent d'observation ne sont pas demeurés stériles.

Devay débuta dans la littérature médicale par sa thèse inaugurale, intitulée : *Appréciation philosophique et pratique de la doctrine médicale de Broussais, de ses vérités et de ses erreurs.* (80 p. in-4°, Paris, 1840.)

Bientôt ses tendances philosophiques s'affirmèrent davantage dans l'important ouvrage qui a pour titre : *De la physiologie humaine et de la médecine dans leurs rapports avec la morale et la société.* (200 p. in-8°, Paris, 1840.)

Le congrès scientifique de Lyon (1841) écouta avec un vif intérêt sa communication sur les perfectionnements qu'on pourrait apporter au bien-être de l'individu et de l'espèce par une saine application des principes de physiologie de l'homme.

A la même époque il écrivit dans une revue littéraire locale (*Revue du Lyonnais*, 1841) un article sur les principes fondamentaux de l'hygiène contenus dans l'Ancien Testament et les antiques traditions orientales.

Plus tard, il passe au crible d'une fine et habile critique les instituts hygiéniques de Pythagore et parle en observateur judicieux de leur influence sur les sociétés antiques (1842, grand in-8).

Devay se complaisait dans la discussion des doctrines philosophiques les plus ardues, relatives surtout à la recherche de la causalité, questions abstraites, redoutables, honneur à la fois et continuel tourment de l'esprit humain. Son goût marqué pour les études théologiques mises en rapport avec la médecine se révèle surtout dans ses recherches sur le rôle que le clergé chrétien a joué dans l'histoire de la médecine (1843), dans ses inductions physiologiques et médicales touchant la fin de l'homme et sa résurrection (in-8°, 1847, *Gaz. méd. de Paris*).

II.

Dans ses écrits, Devay s'est montré non moins économiste qu'hygiéniste. Ses ouvrages les plus considérables en font foi. Sans parler de sa réponse au docteur Barrier sur l'équilibre des populations (*Gaz. méd.*, 7 octobre 1851), nous trouvons dans son *Hygiène des familles* et dans ses nombreux mémoires sur les mariages consanguins, surtout dans le plus important de tous : *Du danger des mariages consanguins*, les preuves les plus évidentes qu'il s'est intéressé essentiellement aux réformes sociales, qu'il aspirait à la solution du problème immense et presque insoluble qui doit amoindrir la part du mal et faciliter l'émission du bien. Son esprit était constamment agité en face des questions que soulève cette grande et sainte préoccupation. Mais, comme il le dit lui-même, « au lieu d'aller à la rencontre des choses vagues
« et lointaines, il s'est servi de deux éléments merveilleux qu'il
« avait sous la main : la famille, cette pépinière d'hommes ;
« l'hygiène, cet instrument pour les perfectionner. »

Sa conviction intime était que la voie la plus sûre et la plus courte pour arriver, ici-bas, au plus grand état de félicité relative, était la franche application de l'hygiène à la famille : « La pre-
« mière est l'instrument, le levier, la seconde est le sujet de la
« culture et du perfectionnement ; le champ, c'est le monde,
« comme dit l'apôtre. »

Voici en quels termes est apprécié le *Traité de l'hygiène des familles*, par un écrivain très-versé dans les sciences d'économie

sociale et politique (1) : « Ce livre est remarquable non-seulement
« par le nombre, le choix et l'importance des sujets qu'il em-
« brasse, mais encore par les vues larges, la science et les sen-
« timents élevés de l'auteur. C'est plus qu'un excellent traité
» d'hygiène, c'est un bon livre de morale, riche en aperçus
« féconds sur l'éducation et sur l'économie politique. » Aussi,
cet ouvrage lui paraît-il destiné à devenir le manuel indispensable,
le code hygiénique de toute famille jalouse de la prospérité maté-
rielle et morale, dans le présent et dans l'avenir.

Un autre écrivain, aussi profond que délicat, un des maîtres de
la langue, Réveillé-Parise, s'exprime ainsi à propos de ce livre :
« L'auteur a compris que si les semences du vrai et du bon sont
« de leur nature vivaces et productives, ce n'est que dans les
« familles qu'elles peuvent acquérir leur plein développement et
« porter d'heureux fruits. Il a su présenter la doctrine hygiénique
« sous une forme intéressante, dans un cadre particulier et dans
« un but dont on ne saurait contester l'éminente utilité. Il n'a pas
« craint d'aborder certaines questions très-délicates, qui tiennent
« autant à la conscience qu'à l'hygiène, mais il le fait en médecin
« versé dans les bonnes doctrines religieuses et philosophiques,
« qui ne s'en laisse imposer ni par les trompeuses assertions de
« quelques économistes, ni par les théories glacées des hommes
« prétendus positifs.

« Dans la nature, tout est disposé pour l'ordre, l'harmonie, la
« perpétuité. A-t-on le droit de faire le contraire dans la société ?
« Les natures morales, saines et fortes comprendront ces prin-
« cipes. »

Devay expose ainsi lui-même les motifs qui l'ont guidé dans
cette œuvre capitale : « Aujourd'hui, dit-il, l'action de la méde-
« cine apparaît lors de l'explosion du mal, jamais pour le prévenir.
« Appelé comme l'officier public au moment d'une catastrophe,
« le médecin traite plus de malades qu'il n'en guérit en réalité,
« parce que, pour guérir le mal, il faut l'approfondir et obtenir
« une confiance qui est ordinairement refusée. L'homme de l'art,

---

(1) M. Raoux, professeur de philosophie et d'économie politique à Lau-
sanne (Suisse).

« considéré en quelque sorte comme le mercenaire, part, sa be-
« sogne achevée, sans gratifier la famille de conseils utiles,
« opportuns, touchant les choses qu'il a parfaitement vues, mais
« sur lesquelles il n'a point été interrogé. Avec cela, l'hygiène
« intérieure de la famille est négligée, et les maladies les plus
« graves s'y développent sourdement. Il est donc à désirer pour
« tous que ces rapports soient changés, que la famille s'ouvre
« avec confiance au médecin et que celui-ci se dévoue à propager
« chez elle les saines pratiques de l'hygiène et de la médecine
« préventive. (Préface xii). »

Parmi les chapitres les mieux traités nous devons signaler ceux qui sont relatifs à l'influence du physique sur le moral, au traitement hygiénique, philosophique et moral des passions, à l'influence exercée sur la santé par les études prématurées, les romans, le théâtre, les livres de médecine, les divers systèmes religieux et philosophiques, à la longévité individuelle et collective, enfin, à la question du mariage, la plus fondamentale de l'hygiène, puisqu'elle est la cause première de la santé des individus et des peuples. Il s'élève, à bon droit, contre l'aveuglement à peu près universel touchant ce qu'il appelle la constitution organique de la famille, c'est-à-dire la santé des générations à venir : « Le ma-
« riage peut restreindre dans les familles l'empire du mal moral
« et du mal physique ; il peut éteindre, il peut ranimer la vie et
« la santé. On est saisi d'une émotion douloureuse lorsqu'on con-
« sidère la violation presque constante des lois de l'hygiène dans
« le mariage, cet acte par lequel le père impose aux enfants issus
« de son sang les conséquences de sa santé, de sa conduite, de
« ses mœurs, de ses erreurs, de ses souffrances. Ce qui faisait
« dire à une secte indoue : — La vie antécédente de l'être, c'est
« le destin. »

L'influence exercée sur la nature physique ou morale de l'enfant par l'état des générateurs était un dogme reçu et propagé unanimement par les médecins et les philosophes de l'antiquité.
« Lorsque les Grecs faisaient naître Vulcain difforme de Jupiter,
« enivré de nectar, ils exprimaient l'infériorité organique des en-
« fants conçus dans le délire de l'ébriété. Les observations mo-
« dernes recueillies par Hufeland, Burdach, Edouard Seguin,

« Prosper Lucas, Rœch, etc., ont démontré que les enfants pro-
« créés dans l'ivresse des parents peuvent naître avec une obtu-
« sion générale des sens, et sont atteints d'idiotie. » Au nom de
la double autorité de la science et de l'expérience, Devay condamne
comme fâcheux pour la santé morale et physique des parents et
des enfants :

1° Les mariages prématurés, tardifs, et d'âges dispropor-
tionnés ;

2° Les mariages consanguins ;

3° Les mariages entre personnes atteintes de maladies constitutionnelles ou héréditaires ;

4° Les mariages avec incompatibilité physique ou morale.

Le chapitre relatif aux dangers des mariages consanguins ou
entre parents issus de la même souche a été l'objet d'un développement considérable, et l'intérêt qui s'est attaché à cette question
a soulevé des controverses qui ont eu leur plus grand retentisse-
ment à la Société d'anthropologie.

Le livre des mariages consanguins porte le cachet d'une indivi
dualité puissante, et ses défauts mêmes ont une saveur d'originale
lité qui attire et qui charme.

En attribuant à la consanguinité la déchéance, dans une certaine
mesure, de l'espèce humaine par la stérilité, les difformités,
l'idiotie, l'aliénation mentale et par les maladies qui peuvent attein-
dre les enfants lorsque les mariages sont féconds, l'auteur sou-
tient sa thèse avec un talent incontestable qui, s'il lui a valu
d'habiles contradicteurs, lui a fait trouver de non moins nombreux
défenseurs. Mais nous devons rétablir les opinions de Devay, qui
ont souvent été mal interprétées par ses adversaires. Suivant lui,
les influences de la consanguinité et les infirmités qu'elle engendre ne s'additionnent pas, elles se multiplient. Sous le rapport
sanitaire, il faut établir une distinction entre le mariage consan-
guin isolé et ceux qui se répètent. La première génération peut
être épargnée, mais, à coup sûr, les autres ne le sont point ; là
où se répète la consanguinité, la famille déchoit sous le rapport
de la beauté, de la force physique et de l'intelligence.

Pour nous, bien obscur partisan engagé dans la lutte, nous
avons cru devoir soutenir les idées du maître au Congrès médical

de Lyon. Moins exclusif que lui, nous pensons aujourd'hui que la consanguinité a pour danger principal d'exagérer, de multiplier l'hérédité morbide, et sans aller au-delà de cette explication, il reste une assez large part aux antagonistes des mariages consanguins, pour les leur faire prohiber chaque fois qu'il y aura similitude de tempérament ou d'aptitudes constituant l'état idio-syncrasique.

Tous ces travaux remarquables sur l'hygiène valurent à Devay sa double nomination de membre du Conseil d'hygiène et de salubrité du département du Rhône, et d'inspecteur du travail des enfants dans les manufactures. C'est à eux aussi qu'il faut attribuer ses meilleurs titres à sa nomination de membre de l'Académie des sciences, belles lettres et arts de notre ville. Cet honneur, auquel il fut particulièrement sensible, lui fut accordé le 13 décembre 1859.

Il faisait partie de notre compagnie depuis 1845. Il avait été nommé au concours médecin de l'Hôtel-Dieu le 11 avril 1842, et professeur de clinique médicale à l'Ecole de médecine de Lyon, en 1849.

III.

Les lois de la morale éternelle reposent sur des maximes inflexibles : elles demandent par-dessus tout à ses interprètes une conscience droite et pure. Il en était ainsi de Devay. Nul n'a mieux compris que lui la haute mission qu'impose à la médecine son alliance étroite avec la philosophie et la morale, et il s'est attaché avec une persévérance qui ne s'est point ralentie durant les dernières années de sa vie, à ramener la médecine dans le grand mouvement intellectuel de notre époque par la psychologie morale. La recherche des phénomènes psychologiques et l'analyse des sentiments étaient bien dignes, en effet, d'occuper cet esprit profond et méditatif.

Il s'étudiait à éclairer les législateurs, l'administration et les jurisconsultes sur des questions prédominantes d'hygiène publique et de médecine légale, et à venir en aide à la morale par tous les moyens que suggère la science de l'homme. Nous ne saurions trop le répéter, s'il s'est montré quelquefois peu favorable à des innovations dont l'utilité lui semblait contestable, il n'inclinait pas du moins à la routine, au maintien superstitieux du passé, comme cela lui a été reproché injustement. Il eut surtout le réel mérite d'avoir insisté sur le caractère social de la mission du médecin, et d'avoir largement démontré, par toute sa vie comme par ses écrits, que la science médicale n'est point l'art d'exploiter la terreur de ceux qui souffrent, mais que c'est une véritable fonction sociale et la plus sublime de toutes. C'est de lui qu'on peut dire qu'il l'a élevée à la hauteur d'un sacerdoce. Ceux d'entre nous, Messieurs, qui ont entendu son discours prononcé le 28 janvier 1854, à la séance publique de notre Société, peuvent se rappeler ses vues élevées relativement à la *confraternité médicale*, et le succès légitime obtenu en 1861 par son beau discours de réception à l'Académie sur *la médecine morale*, témoigne en faveur de ses études de prédilection.

Il ne fut pas seulement le savant interprète de notre science austère. Il fut aussi le digne ministre de notre art de charité. Les obligations morales de notre profession envers la société ont été l'objet incessant de ses sollicitudes, et il a cherché à lutter vaillamment contre le scepticisme médical et contre les préjugés qui font partout des dupes et des victimes.

En matière d'humanité, de solidarité, il pensait que rien n'est fait tant qu'il reste encore quelque chose à faire ; et ce fut dans ses sentiments philanthropiques, disons mieux, dans sa charité toute chrétienne, qu'il puisa les principes féconds qui l'amenèrent à interpréter et à appliquer d'une manière admirable la médecine morale.

Que de malades moralement guéris par lui ! Il savait endormir la crainte, adoucir l'horreur de certaines situations désespérées, ranimer les courages abattus. Aussi, son cœur, si généreux en face des souffrances d'autrui, était-il facilement ému par les douleurs de ceux qu'il aimait, et ses amis n'ont point oublié son désespoir et aussi son héroïque résignation à la mort dramatique de ce fils qui avait donné de lui de si brillantes espérances. Jamais il ne causa aux siens de chagrin volontaire, persuadé qu'il était que l'honnête homme doit les épargner de toutes ses forces à son entourage, et qu'il est déjà trop de ceux que la volonté et la tendresse la plus prévoyante ne peuvent éloigner.

L'expérience qu'il avait acquise dans la méditation de l'homme et de ses souffrances, dans le contact intime de la famille et de la société, dans toute une vie d'observation, de sollicitude, de contention morale et de veille, pleine enfin d'enseignements graves, il la devait surtout à son énergie, à *sa volonté*, cette puissance virtuelle par excellence « qui, selon l'expression d'un savant académicien (1), résume à elle seule l'homme moral et intellectuel en l'élevant au-dessus de lui-même, au-dessus du reste de la création. » N'est-ce pas à Devay, Messieurs, et aux actes de sa vie qu'il est permis d'appliquer cette définition de *la volonté*, à savoir que : « C'est cette puissance libre et indépendante, active et consciente d'elle-même qui préside au développement de l'intelligence en même temps qu'à la moralité des actes de la vie humaine, qui inspire le devoir devant le danger, le courage dans le malheur et l'adversité, qui fait les vices et les vertus dans le triomphe des passions, qui rend l'homme justiciable devant sa conscience, devant la loi, devant la société, en un mot, la volonté c'est l'homme libre, l'homme arbitre, l'homme moral, l'homme psychologique ? »

Cette volonté admirable qui a dirigé toutes les actions de Devay lui faisait surmonter les obstacles, les difficultés sans nombre qui se sont présentés sous ses pas dans le cours de sa carrière, et que multipliait encore une mauvaise santé.

Pour n'en citer qu'un exemple, entre plusieurs, je rappellerai le trait suivant qui m'a été raconté par un ancien médecin de l'Hôtel-Dieu (2) :

Devay était interne dans son service (salle des Troisièmes-Femmes et Montazet.) Atteint de bronchite intense avec suffocation et hémoptysie, il luttait contre la fièvre et la souffrance. Le chef de service, témoin de ses efforts de résistance, tout en le louant

---

(1) M. Jolly, membre de l'Académie de médecine de Paris. Introduction : l'étude de la philosophie dans ses rapports avec l'hygiène et la médecine.

(2) Le docteur Gubian père.

de son énergie, lui conseille, en vain, de se retirer au plus tôt. Lui, se raidissant contre le mal, assura qu'il saurait vaincre cet état de malaise ; il persista et ne consentit à se rendre à l'infirmerie que lorsque la visite fut terminée et les pansements achevés sous ses yeux. Esclave, comme toujours, du devoir, il n'avait pas voulu confier exclusivement à son externe le soin des malades.

Si pour Devay les commencements ont été plus faciles que pour beaucoup d'autres, il ne s'endormit jamais dans le bien-être ou dans l'indolence.

Il savait que la lutte est la condition de l'homme comme elle est celle des sociétés, et que c'est dans la lutte que se trempent les caractères, tandis que l'inaction les abaisse et les éteint.

C'était un de ces robustes athlètes qui acceptent la vie comme un combat, sachant concilier toutes les obligations imposées par le devoir, inébranlable dans ses convictions religieuses et politiques qu'il portait comme un soldat vaillant porte son drapeau, fièrement et devant lui.

Pour moi, qui ai eu la rare fortune de vivre dans son intimité, je voudrais vous retracer ses belles et nobles aspirations, ses saintes colères contre l'abaissement moral et contre l'avilissement des caractères.

Les capitulations de conscience, il les repoussait avec une mâle énergie, tandis que son âme demeurait toujours ouverte aux conceptions les plus généreuses.

Il avait les relations les meilleures et les plus distinguées. Des personnages éminents l'ont honoré de leur visite et de leur amitié. Chez les grands du monde, comme chez lui, il avait constamment su maintenir la dignité de sa personne et de son art. Ainsi, il avait l'intuition vive et prompte de ce qui est équitable et moral, acceptant les pénibles et laborieux devoirs du médecin, mais réclamant l'indépendance personnelle et l'inviolabilité de la conscience.

Les infimes et tristes passions de notre époque l'avaient épargné, et quoique obligé de les coudoyer à chaque instant, il n'avait point senti s'éteindre les nobles élans de son cœur. Jamais il ne voulut être placé entre le devoir et l'intérêt ; au premier il a toujours su sacrifier le second.

D'ailleurs, il avait profondément médité cette maxime, tirée des Proverbes du roi Salomon :

« *Timor Domini principium sapientiæ. Sapientiam atque doc-« trinam stulti despiciunt.* (1 v. 7). »

Sa vie n'a été, de la sorte, qu'un enchaînement de belles et grandes actions, de bienfaits accordés avec cette discrétion et cette simplicité que le véritable esprit de charité et le sentiment religieux le plus sincère peuvent inspirer.

Nous connaissons des traits qui témoignent hautement en faveur de son exquise bonté, et nous pouvons affirmer que, durant le temps où nous avons eu le bonheur d'être auprès de lui comme chef de clinique, comme médecin et comme ami, il n'était pas une misère honteuse qu'il ne s'empressât de soulager de sa bourse, dès qu'elle lui était signalée par nous. Combien d'étudiants nécessiteux ont été, grâce à lui, délicatement secourus par des intermédiaires officieux ou bien directement, et toujours de manière à sauvegarder la dignité de l'obligé.

Pardonnez-moi, Messieurs, d'être entré dans quelques détails qui vous paraîtront bien naturels, à vous qui, dans l'exercice de notre noble profession, pratiquez si simplement le bien ; mais ces faits peignent le caractère de l'homme privé en même temps que celui du médecin, et, pour ne vous offrir rien qui ne vous soit habituel, vous ne serez pas moins flattés de les voir attribuer à la mémoire de l'un des vôtres, et ajouter à la juste considération dont il fut entouré.

Jusqu'à ses derniers moments, Devay parlait de ses chères études, sans se dissimuler que trop souvent la mort impitoyable anéantit brusquement les promesses du présent et engloutit nos longs espoirs et nos chères illusions !

Faut-il donc nous désespérer de voir tant de savants disparaître avant leur heure ?

Non, Messieurs, car leur courte mais utile carrière, en étant profitable à l'humanité, est un enseignement pour le siècle. « Et « notre siècle, » a dit M. Thiers avec sa profonde sagacité et sa haute raison, (1) « notre siècle a pour guides l'érudition et l'ex-

(1) Thiers. Discours de réception à l'Académie française, 13 novembre 1834.

« périence. Entre ces deux muses, austères mais puissantes, il
« s'avancera glorieusement vers des vérités nouvelles et fé-
« condes. »

Devay, nous l'avons fait pressentir, avait au plus haut degré le sentiment spiritualiste de l'immortalité de l'âme et de la vie future. Il y puisait sa force et ses plus douces consolations au milieu des amertumes de la vie et des souffrances d'une longue et cruelle agonie.

Sa famille et ses amis ont été frappés de sa sublime résignation et de l'admirable sérénité avec laquelle il dissertait, à ses derniers moments, sur les éternelles vérités. Son âme est demeurée debout, tandis que son corps était brisé par la souffrance et par la maladie. Sa fin a été belle comme sa vie, forte comme son cœur, calme comme le dernier jour du juste.

Aussi, Devay restera-t-il pour tous un grand caractère, un nom respecté ; et votre Compagnie, Messieurs, n'hésitera pas à l'inscrire sur la table nécrologique réservée à ses plus dignes et à ses plus illustres membres.

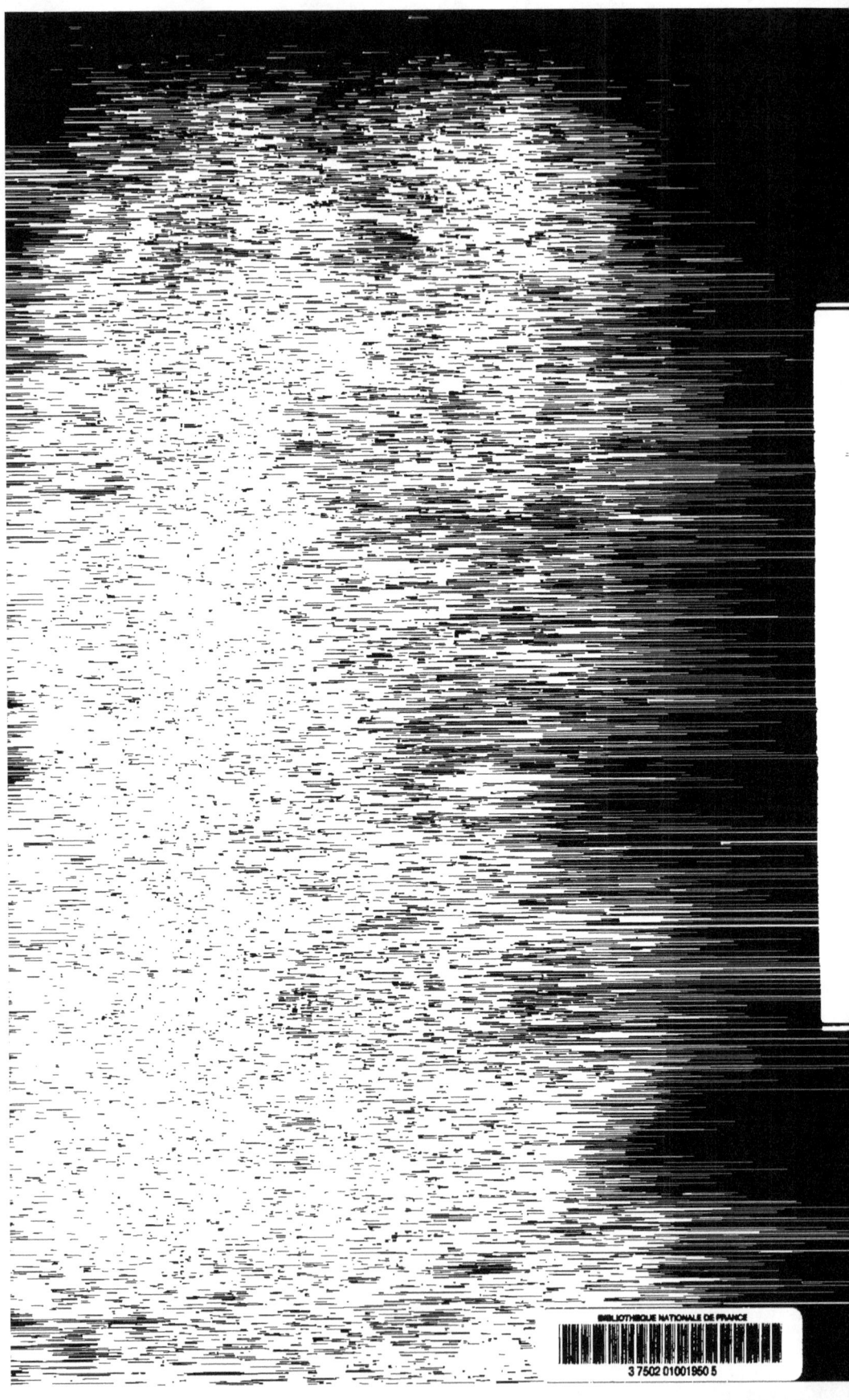

www.ingramcontent.com/pod-product-compliance
Lightning Source LLC
Chambersburg PA
CBHW070449080426
42451CB00025B/2088